지구와 인류의 역사를 알아가는 지식의 출발점

지구의 역사가 1년이라면 ·개정판·

데이비드 J. 스미스 글 | 스티브 애덤스 그림 | 황세림 옮김

푸른숲주니어

지은이 데이비드 J. 스미스
미국 매사추세츠주 보스턴에서 태어나, 25년 넘게 교단에서 학생들을 가르쳤습니다. '세계 지도 외워 그리기(Mapping the World by Heart)'라는 독창적인 지리 학습 과정을 만들어 미국 교육부에서 상을 받기도 했습니다. 지금은 세계 곳곳을 다니며 전문 교육 상담가로 일하고 있습니다. 지은 책으로는 《지구가 100명의 마을이라면》《미국이 하나의 마을이라면》《유엔 어린이 권리 협약으로 알아보는 세계 어린이를 위한 소중한 약속》 등이 있습니다.

그린이 스티브 애덤스
대학에서 그래픽 디자인을 전공한 뒤, 〈월스트리트 저널〉〈워싱턴 포스트〉〈시카고 트리뷴〉 등 다양한 신문과 잡지와 어린이 책에 그림을 그렸습니다. 지금은 캐나다 몬트리올 대학교에서 학생들에게 일러스트레이션과 그래픽 디자인을 가르치고 있습니다. 우리나라에 소개된 책으로 《꽃이 피는 아이》가 있어요.

옮긴이 황세림
서울대학교 미학과를 졸업하고, 같은 대학교 대학원에서 비교 문학 협동 과정을 수료했어요. 옮긴 책으로는 《기후 변화 이야기》《고래가 걸었다고?》《바다에 가면》 외 여러 권이 있습니다.

지구의 역사가 1년이라면 (개정판)

첫판 1쇄 펴낸날 2015년 1월 2일 | **7쇄 펴낸날** 2018년 3월 15일 | **개정판 1쇄 펴낸날** 2023년 6월 30일 | **개정판 2쇄 펴낸날** 2023년 12월 27일 | **지은이** 데이비드 J. 스미스 | **그린이** 스티브 애덤스 | **옮긴이** 황세림 | **발행인** 김혜경 | **편집인** 김수진 | **주니어 본부장** 박창희 | **편집** 강정윤 정예림 강민영 | **디자인** 전윤정 김혜은 | **마케팅** 최창호 임선주 | **경영지원국** 안정숙 | **회계** 임옥희 양여진 김주연 | **인쇄** 신우인쇄 | **제본** 에이치아이문화사 | **펴낸곳** (주)도서출판 푸른숲 | **출판등록** 2003년 12월 17일 제2003-000032호 | **제조국** 대한민국 | **주소** 경기도 파주시 심학산로 10, 우편번호 10881 | **전화** 031)955-9010 | **팩스** 031)955-9009 | **인스타그램** @psoopjr | **이메일** psoopjr@prunsoop.co.kr | **홈페이지** www.prunsoop.co.kr | ⓒ푸른숲주니어, 2023 | ISBN 979-11-5675-378-0 (74330) 979-11-5675-030-7 (세트)

잘못된 책은 구입하신 서점에서 바꾸어 드립니다.
KC 마크는 이 제품이 공통안전기준에 적합하였음을 의미합니다. 던지거나 떨어뜨려 다치지 않도록 주의하세요.

IF : A MIND-BENDING NEW WAY OF LOOKING AT BIG IDEAS AND NUMBERS
Text copyright ⓒ 2014 by David J. Smith
Illustrations copyright ⓒ 2014 by Steve Adams

Published by permission of Kids Can Press Ltd., Toronto, Canada. All rights reserved.
No part of this publication may be reproduced, stored in retrieval system, or transmitted in any form or by any means, electronic, mechanical photocopying, sound recording, or otherwise, without the prior written permission of Prunsoop Publishing Co., Ltd.

Korean Translation Copying ⓒ 2015, 2023 by Prunsoop Publishing Co., Ltd.
Korean edition is published by arrangement with Kids Can Press Ltd. through Imprima Korean Agency.

이 책의 한국어판 저작권은 Imprima Korea Agency를 통해 Kids Can Press Ltd.와의 독점 계약으로 (주)도서출판 푸른숲에 있습니다.
저작권법에 의해 한국 내에서 보호를 받는 저작물이므로 무단 전재와 무단 복제를 금합니다.

차례

만약에…	4
우리 은하	6
행성	8
지구의 역사	10
생명의 진화	12
인류의 역사	14
인류의 발견·발명	16
첨단 발명품	18
대륙	20
물	22
생물의 종	24
돈	26
에너지	28
평균 수명	30
인구	32
식량	34
인간의 일생	36
이 책을 읽는 어른들에게	38

만약에…

지구, 태양계, 우리 은하는 얼마나 클까요? 지구의 나이는 몇 살일까요? 동물과 사람이 지구상에 처음 나타난 때는 언제일까요? 이 일들은 오랜 시간 동안 드넓은 공간에 걸쳐서 서서히 일어났기 때문에 한눈에 가늠하기가 어렵습니다.

이렇게 상상하기조차 벅찬 커다란 대상이나 사건들을 우리가 보고 느끼고 만질 수 있는 무언가로 바꾸어 생각해 보면 어떨까요? 그 순간부터 우리는 이 세상을 완전히 새로운 눈으로 바라볼 수 있습니다. 그것이 바로 이 책의 출발점입니다. 거대한 사건과 공간과 시간을 우리가 이해할 수 있는 대상으로 축소하거나 압축해 보는 거지요.

사람을 본뜬 인형이나 모형 비행기를 갖고 있는 친구라면 축소한다는 말의 의미를 잘 알 겁니다. 모형은 커다란 사물을 몇 배로 줄여서 만든 것이지요. 단, 모든 부분을 똑같은 비율로 줄여야 합니다. 안 그러면 발만 무지하게 큰 인형이나 날개만 턱없이 거대한 모형 비행기가 태어날지도 모르니까요.

특히, 태양계나 인류의 역사처럼 우리가 쉽게 가늠하기 어려운 범위의 것들을 '만약에'라는 가정 아래 축소해서 들여다보면 아주 놀라운 결과와 마주하게 됩니다.

그럼, 지금부터 함께 시작해 볼까요?

우리 은하

만약에 우리 은하가 접시만 한 크기로 줄어든다면…….

지구가 속해 있는 태양계는 먼지보다 더 작아져서 우리 눈에 아예 보이지 않아요. 당연히 지구도 보이지 않겠죠? 그러면 지구에서 우주 망원경으로 바라다보이는 우주는 얼마만 할까요? 음, 경상도 면적만 해요. 그걸 접시로 다 채우려면 어마어마한 양이 필요하겠죠?

1990년에 미국 항공 우주국(NASA)은 우주 왕복선을 이용해 허블 우주 망원경을 지구 궤도에 올려놓았어요. 이 망원경으로 관측할 수 있는 은하는 대략 10,000개쯤 됩니다. 10,000개의 접시를 겹겹이 쌓아 올리면 약 383미터가 돼요. 즉 125층짜리 건물 높이와 비슷해요.

전 우주에는 1,700억(170,000,000,000) 개가 넘는 은하가 있습니다. 이 은하들을 모두 접시로 바꾸어 겹겹이 쌓아 올리면 그 높이가 무려 6,720,000킬로미터나 되어요. 지구와 달 사이를 열일곱 번 오갈 수 있는 거리지요. 막연히 크다고만 여겼던 우주가 얼마만 한지 가늠이 되나요? 우리는 아주 크고 웅장한 우주에서 살아가고 있답니다.

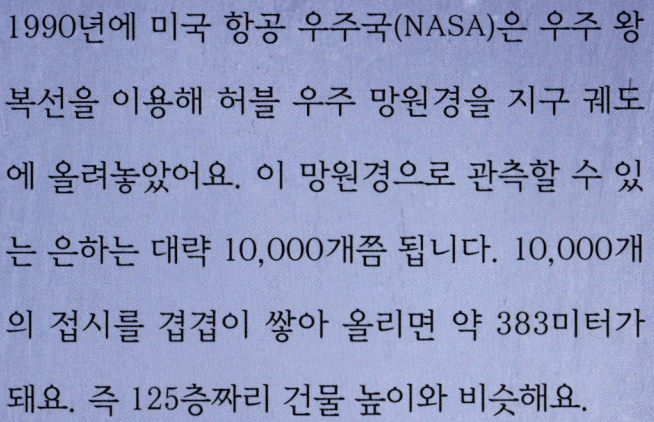

우주에서 거리를 측정할 때는 광년이라는 단위를 사용합니다. 1광년은 빛이 1년간 이동하는 거리를 뜻하지요. 1광년은 9,460,800,000,000킬로미터예요. 실로 어마어마한 거리죠?

태양계는 지름이 약 0.001광년입니다.

우리 은하는 지름이 약 100,000광년이고요.

그럼, 지구에서 관측할 수 있는 우주의 지름은 얼마나 될까요? 대략 920억(92,000,000,000) 광년이에요.

우주는 우리 은하보다 920,000배 더 크고, 우리 은하는 태양계보다 1억(100,000,000) 배가 더 큰 셈입니다.

행성

태양계의 여러 행성을 공이라고 생각해 보면 어떨까요?
만약에 지구가 야구공이라면······.

수성은 탁구공, 금성은 테니스공,
화성은 골프공, 목성은 커다란 짐볼,
토성은 물놀이 공, 천왕성은 농구공,
해왕성은 축구공입니다.
물론, 태양은 이보다 더 큰 공이에요.
지름이 목성의 열 배쯤 되거든요.
자, 이제 태양계 행성들의 크기가 가늠이 되나요?
이번에는 태양을 포도 알만 하다고 상상해 보아요.
태양계 행성들이 얼마만 해질까요?

100미터 길이의 축구 경기장이 있습니다. 포도 알만 한 태양을 한쪽 골라인에 놓고 태양계 행성들을 한 줄로 죽 늘어놓아 보아요.

수성은 골라인에서 4미터 거리에, 금성은 7미터 거리에, 지구는 10미터 거리에, 화성은 15미터 거리에 놓입니다. 크기는 다들 고만고만해요. 소금 알갱이만 하거든요.

목성은 커다란 완두콩만 해요. 중앙선 바로 너머에 놓이겠네요. 토성은 좀 더 작은 완두콩만 한데요. 반대쪽 골라인에 놓입니다.

애개, 천왕성과 해왕성은 참깨만 해졌어요. 골라인을 훌쩍 벗어나 버렸네요.

토성　　　천왕성

해왕성

지구의 역사

지구가 생겨나고 45억 년이 흘렀습니다. 만약에 지구의 역사가 일 년이라면······.

지구의 역사를 두 시간 분량의 DVD에 담아 볼까요? 그러면 인류는 DVD가 끝나기 1초 전에 등장한답니다.

1월 1일, 지구가 생겨났어요.

2월 중순쯤엔 달이 나타났고요. 2월 셋째 주에는 바다와 대기가 생깁니다. 육지도 이 무렵에 생겨나요. 훗날 이 거대한 땅덩어리가 갈라져서 대륙을 이루지요.

3월 셋째 주쯤에는 바다에 최초의 생명체가 나타납니다.

4월에는 좀 더 복잡한 형태의 생물들이 바다에 나타나고요.

6월 중순쯤에는 바닷속의 조류와 미생물들이 내뿜는 산소가 대기 중으로 흘러 들어가요. 그 덕분에 산소로 숨을 쉬는 생물들이 육지에서 살아갈 수 있게 되지요. 그러다 6월 말, 첫 번째 빙하 시대가 닥친답니다.

11월 초에 또다시 빙하 시대가 닥쳐요. 그 뒤 물고기처럼 좀 더 복잡한 형태의 생물이 모습을 드러냅니다. 11월 말부터 12월 중순까지는 수많은 생물이 생겨나고 진화해요. 그리고 마침내 땅 위에 사는 동물이 처음으로 나타납니다.

12월 18일쯤에는 새들이 처음 나타납니다. 12월 22일쯤이면 포유류가 다양한 형태로 진화를 하고요.
12월 마지막 날이 다 되어서야 마침내 인류가 짜잔~ 등장한답니다.

생명의 진화

지구에 생명체가 나타난 지 35억 년이 흘렀습니다.
만약에 지구 생명체의 역사가 한 시간이라면······.

박테리아 같은 단세포 생물은 첫 1초에 나타납니다.
물고기는 51분 10초에 나타나고, 양서류는 54분 10초에 나타나요.

공룡은 56분에 나타났다가 3분 뒤에 사라지지요.
포유류는 56분 25초에 나타납니다.
새들은 58분에 모습을 드러내요.
인류 최초의 조상은 59분 56초에 등장하고요.
우리가 속한 현생 인류는 아슬아슬하게도 59분 59.8초에 나타난답니다.
이렇게 지구 생명체의 역사를 살펴보니, 인류의 역사가 얼마나 짧은지 제대로 실감이 나지요?

만약에 지구 생명체의 역사가 24시간이라면 어떨까요? 자정이 지나자마자 최초의 생물이 나타나요. 저녁 8시 28분에 물고기가, 밤 10시 36분에 포유류가 처음 나타나고요. 인류 최초의 조상은 다시 자정이 되기 24분 전에 등장하네요. 현생 인류는 자정 5초 전, 그러니까 하루가 거의 끝나는 순간에야 비로소 모습을 드러냅니다.

인류의 역사

일요일	월요일	화요일	수요일
	1 철이 널리 쓰임.	2	3 아테네에서 제1회 올림픽을 개최함. (기원전 776년)
7 마케도니아의 알렉산더 대왕, 대제국을 건설함. (기원전 336~323년)	8 중국에서 만리장성을 축조함. (기원전 221년)	9	10 크리스트교의 창시자 예수가 태어남. (기원전 5년경)
14	15 중세 시대가 시작됨.	16 이슬람교의 창시자 무함마드가 태어남. (570년)	17
21 노르만 왕조의 윌리엄 1세, 영국을 정복하고 제1대 왕이 됨.(1066년)	22	23 칭기즈 칸, 몽골 제국을 건설함. (1206년)	24 흑사병이 유럽을 뒤덮음. (1347~1350년)
28 프랑스 혁명이 일어남. (1789~1799년) 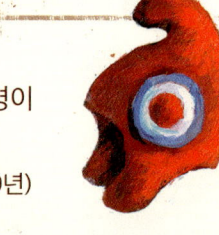	29 미국인 과학자 알렉산더 그레이엄 벨, 전화기를 발명함.(1876년)	30 미국에서 최초의 전자식 컴퓨터를 개발함.(1939년) 인터넷이 발명됨. (1969년) 	31 미국 항공 우주국에서 화성에 물이 있다는 증거를 발견함. (2013년) 

인류가 지나온 3,000년 동안 어떤 일이 일어났을까요?

만약에 그 3,000년의 역사가 한 달로 줄어든다면…….

목요일	금요일	토요일
4	5 인도에서 싯다르타가 태어남.(기원전 560년경) / 중국에서 공자가 태어남.(기원전 551년)	6
11 베수비오 화산 폭발로 폼페이가 멸망함.(79년)	12 중국에서 종이를 발명함.(105년)	13
18 아랍 제국의 지배를 받던 에스파냐에서 의학과 과학이 번성함.(750년경)	19	20 유럽인 최초로 바이킹들이 북아메리카에 도착함.(900년대 후반)
25 콜럼버스가 아메리카 대륙에 도착함.(1492년)	26 유럽인들이 아프리카 사람들을 끌고 가 노예로 삼기 시작함.(1510년)	27 도도새가 멸종함.(1690년)

인류의 발견·발명

인류의 삶을 바꾸어 놓은 발견과 발명품은 무엇일까요?
만약에 인류가 발견하거나 발명한 것들을 100센티미터 줄자를 따라 늘어놓는다면…….

인류가 최초로 발견한 것으로는 불이 첫손에 꼽힙니다. 사람들은 약 790,000년 전에 불을 이용해서 몸을 녹이고 음식을 조리했습니다.

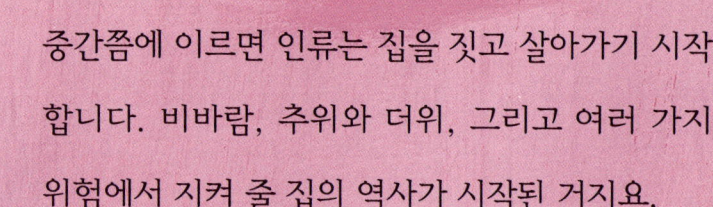

중간쯤에 이르면 인류는 집을 짓고 살아가기 시작합니다. 비바람, 추위와 더위, 그리고 여러 가지 위험에서 지켜 줄 집의 역사가 시작된 거지요.

마지막 2.8밀리미터에 이르면 숫자 0의 발견을 시작으로 종이, 플라스틱, 전화, 자동차, 컴퓨터, 인공위성 등 지난 2,000년간의 위대한 발명이 이어집니다. 그러면서 인류의 삶이 놀랍게 변화합니다.

활과 화살이 처음 사용됩니다. 인류는 창을 던져 맞힐 수 있는 거리보다 더 멀리 있는 동물까지 사냥할 수 있게 됩니다.

자동차 발명의 시초가 된 바퀴가 발명됩니다.

흙을 구워서 만든 도자기가 발명됩니다. 이때부터 인류는 쉽게 깨지지 않는 단단한 그릇을 사용합니다.

1,000년 전 사람들은 조그만 휴대전화로 연락을 주고받는 세상을 과연 상상했을까요?
만약에 지난 1,000년간 인류가 발명한 물건을 30센티미터 자를 따라 늘어놓는다면…….

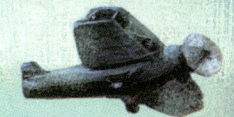

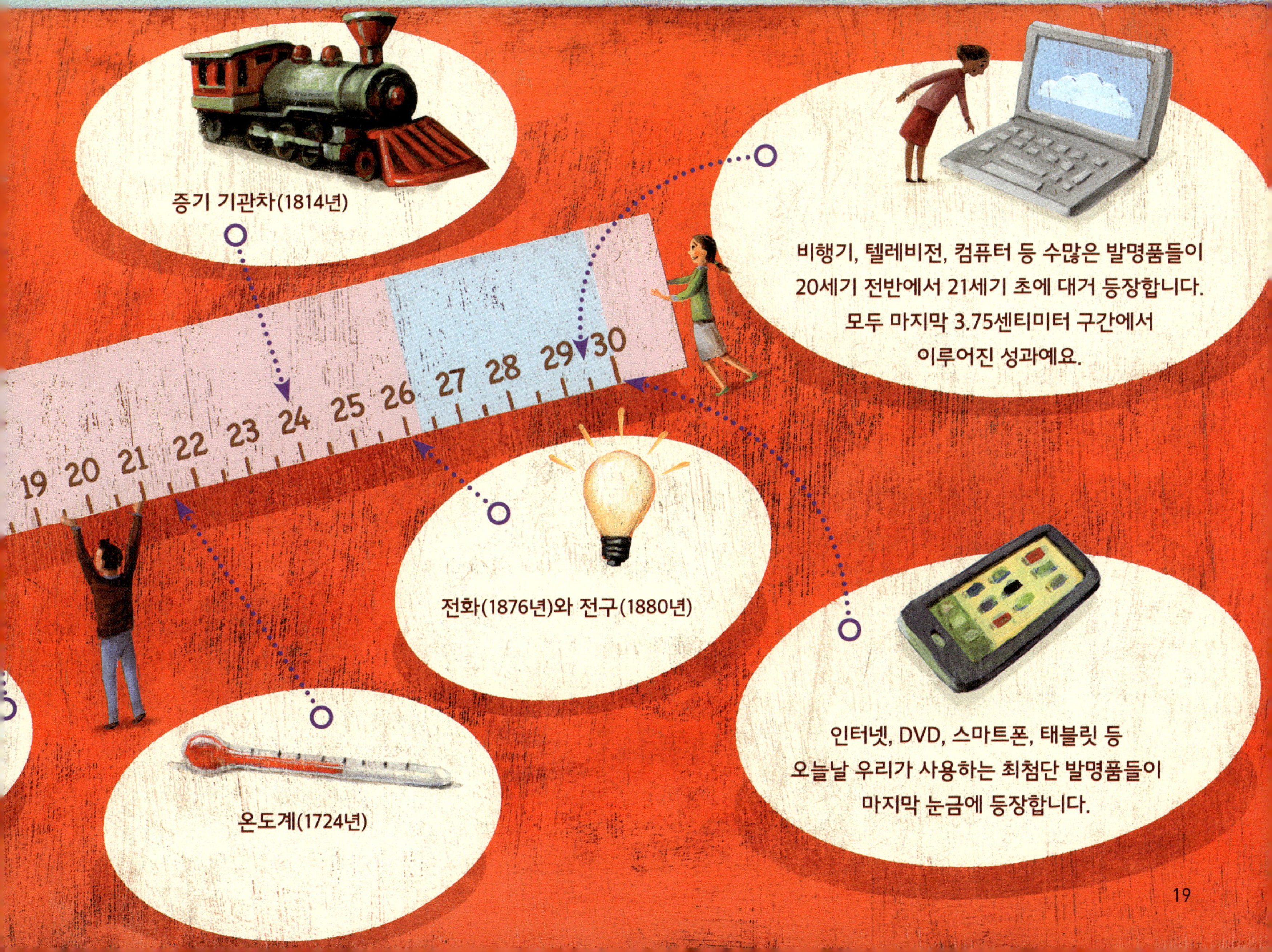

증기 기관차(1814년)
비행기, 텔레비전, 컴퓨터 등 수많은 발명품들이
20세기 전반에서 21세기 초에 대거 등장합니다.
모두 마지막 3.75센티미터 구간에서
이루어진 성과예요.
19 20 21 22 23 24 25 26 27 28 29 30
전화(1876년)와 전구(1880년)
인터넷, DVD, 스마트폰, 태블릿 등
오늘날 우리가 사용하는 최첨단 발명품들이
마지막 눈금에 등장합니다.
온도계(1724년)

대륙

지금 눈앞에 펼쳐져 있는 책의 넓이는
가로 476밀리미터에 세로 238밀리미터입니다.
만약에 이 책의 넓이가 지구 표면이라면……

이 책의 넓이에서 75퍼센트를 차지하는 파란색 영역은 바다입니다.
다른 색으로 표시된 나머지 25퍼센트는 땅이고요.
그중에서 아시아가 약 7.5퍼센트, 아프리카가 5퍼센트,
북아메리카가 4.1퍼센트, 남아메리카가 3퍼센트,
남극이 2.3퍼센트, 유럽이 1.7퍼센트,
오스트레일리아와 뉴질랜드,
그리고 그 밖에 남태평양의
여러 섬들로 이루어진 오세아니아가
1.4퍼센트를 차지합니다.

물

만약에 지구상의 물을
100개의 유리컵에
나눠 담는다면······.

97컵은 바다와 몇몇 호
수의 소금물입니다.
나머지 3컵은 담수고요.
단, 그중에서 우리가 이용할
수 있는 것은 1컵뿐입니다. 나
머지 2컵은 빙하를 이루고 있거나
대기 중에 얼어붙어 있거나 땅속 깊이 있어
서 퍼 올릴 수가 없답니다.
지구 표면의 75퍼센트 이상이 물로 덮여 있어도 실제로
인간이 사용할 수 있는 물은 극히 일부인 셈이죠.

우리는 물을 어떻게 사용하고 있을까요? 지구의 전체 물 사용량 가운데 약 10퍼센트는 생활용수입니다. 마시고 요리하고 씻는 등 일상생활에서 사용하는 물이지요. 미국에서는 한 사람당 하루 평균 욕조를 두 번 반쯤 채울 수 있는 물을 사용하고, 유럽 사람들은 욕조를 약 두 번 채울 만큼의 물을 사용합니다. 유엔의 보고에 따르면, 사람이 건강하고 행복한 삶을 유지하려면 하루에 욕조를 4분의 1가량 채울 수 있는 물이 필요하다고 합니다. 그런데 아프리카에서는 한 사람이 하루에 쓸 수 있는 물의 양이 겨우 욕조의 10분의 1입니다.

생활용수는 공업과 농업에 사용되는 물에 비하면 그 양이 얼마 되지 않습니다. 공업용수는 생활용수의 두 배로, 전체 물 사용량의 대략 20퍼센트를 차지합니다. 그리고 나머지 70퍼센트는 농업에 이용됩니다. 당연히 물을 가장 많이 사용하는 곳은 농업이 발달한 지역이겠지요. 전 세계 물 사용량 가운데 4분의 3을 아시아에서 소비하고 있답니다.

생물의 종

지구에는 어떤 생물이 살고 있을까요? 여기, 잎이 1,000개 달린 나무가 있습니다. 만약에 지구에 사는 모든 생물이 나무에 달린 1,000개의 이파리라면…….

753개는 동물입니다. 딱정벌레, 고양이, 고래 등 다세포 동물이 전부 여기에 속합니다.

똑딱 똑딱

생물의 종은 얼마나 빠르게 사라지고 있을까요? 옛날에는 '종의 나무'에서 천 년에 이파리 1개쯤이 떨어졌습니다. 이파리 1개는 1,750가지 생물 종입니다. 하지만 요즘에는 멸종이 더 빠른 속도로 진행되고 있어요. 생물들이 살아갈 수 있는 터전이 사라져 가고 있기 때문입니다. 그래서 어떤 과학자들은 앞으로 약 20년 안에 '종의 나무'에 달린 1,000개의 이파리 가운데 무려 200개가 떨어질지도 모른다고 예측합니다. 하지만 새로운 생물 종이 꾸준히 발견되고 있으니, '종의 나무'에 새 이파리가 계속 돋아나고 있다고 볼 수도 있어요.

돈

전 세계의 모든 재산을 돈으로 환산하면
241조(241,000,000,000,000) 달러입니다.
만약에 이 돈이 동전 100개라면······.

세계에서 가장 부유한 1퍼센트 사람들이 동전 40개를,
그다음 9퍼센트에 속하는 사람들이 동전 45개를,
그다음 40퍼센트에 속하는 사람들이 동전 14개를
가지고 있습니다. 그리고 가장 못사는 나머지 50퍼센트,
그러니까 전 세계 인구의 절반에 해당하는 사람들이
고작 동전 1개를 서로 나눠 가지고 있습니다.
부유한 1명은 동전 40개를, 가난한 50명은
동전 1개를 함께 소유한다고 생각해 보세요.
부유한 사람과 가난한 사람의 차이를 한눈에 알겠지요?

북아메리카 : 32개
유럽 : 34개
아시아 : 22개
아프리카 : 3개
남아메리카 : 6개
오세아니아 : 3개

동전 100개가 각 대륙에 어떻게 나눠져 있을까요?

에너지

전 세계 나라들은 어떤 자원을 이용해 에너지를 만들까요?
만약에 전 세계에서 사용하는 에너지 자원으로 100개의 전구를 켠다면······.

전구 2개는 수력 발전으로,
전구 6개는 원자력 발전으로,
전구 11개는 바람과 땅속열,
생물 자원 등 재생 가능한 자원으로,
전구 21개는 가스로,
전구 27개는 석탄으로,
전구 33개는 석유로 불을 밝힙니다.

즉, 가스와 석탄, 석유 등 화석 연료가
100개의 전구 가운데 81개의 불을 켜는 셈입니다.

수력 2%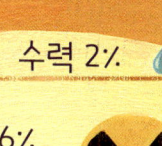

원자력 6%

재생 가능 에너지 11%

가스 21%

석탄 27%

석유 33%

전 세계에서 사용하는 에너지 총량이 초콜릿 12조각이라면, 각 대륙 사람들의 소비량은?

아시아와 오세아니아 사람들 : 4조각

유럽 사람들 : 3조각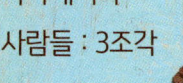

북아메리카 사람들 : 3조각

아프리카 사람들 : 1조각

중남아메리카 사람들 : 1조각

평균 수명

전 세계 사람들은 얼마나 오래 살까요?
만약에 사람의 평균 수명이 모래사장에 찍힌 발자국이라면…….

보통 사람들은 대략 70개의 발자국을 남깁니다.
하지만 평균은 어디까지나 평균일 뿐, 모두가 똑같이
70개의 발자국을 남기는 것은 아닙니다.
대륙마다 나라마다 발자국의
개수가 다르답니다.

남아메리카 사람들 74개

아시아 사람들 70개

아프리카 사람들 587개

북아메리카 사람들 78개

오세아니아 사람들 77개

유럽 사람들 76개

이 가운데 어느 나라 사람들이 가장 많은 발자국을 남길까요? 즉, 평균 수명이 가장 긴 나라는 어디일까요?

- 일본, 스위스, 산마리노 공화국 : 83개
- 안도라, 오스트레일리아, 캐나다, 프랑스, 아이슬란드, 이스라엘, 이탈리아, 룩셈부르크, 모나코, 카타르, 싱가포르, 에스파냐, 스웨덴 : 82개

반대로, 어느 나라 사람들의 평균 수명이 가장 짧을까요?

- 모잠비크, 남수단 : 55개
- 앙골라, 나이지리아, 코트디부아르 : 52개
- 시에라리온, 중앙아프리카 공화국 : 50개

인구

지구에는 75억이 넘는 사람들이 살고 있습니다.
만약에 지구가 100명의 마을이라면…….

1900년에는 마을 주민이 32명뿐이었습니다. 그때는 전 세계 인구가 지금보다 훨씬 적었으니까요.

1800년에는 17명입니다.

기원전 1000년에는 딱 1명만이 지구 마을에 살았답니다.

1650년에는 10명입니다.

1500년에는 8명입니다.

기원후 1년에는 3명입니다.

오늘날 지구 마을에서는 한 시간마다 15,000명의 아기가 태어나고 6,432명의 사람이 죽어 갑니다.
여러분이 이 문장을 읽는 10초 안팎의 시간에도 42명의 아기가 태어나고 17명이 숨을 거두지요. 그러니까 지구의 인구는 10초에 25명씩 늘어나는 셈입니다.

전 세계 인구가 지금과 똑같은 속도로 늘어난다면, 2050년에는 지구 마을에 사는 사람이 100명이 아니라 129명이 될 겁니다.

식량

전 세계에서 일 년 동안 생산되는 식량은 얼마일까요?
만약에 그 양이 식빵 25조각이라면……

식빵 11조각은 아시아에서,

식빵 5조각은 중남아메리카에서,

식빵 4조각은 유럽에서,

식빵 2와 4분의 3조각은 북아메리카에서,

식빵 2조각은 아프리카에서,

식빵 4분의 1조각은

오세아니아에서

생산됩니다.

전 세계에서 일 년 동안 소비되는 식량이 식빵 25조각이라면,
각 대륙 사람들이 먹는 양은 다음과 같아요.

- 아시아 사람들 : 13과 2분의 1조각
- 유럽 사람들 : 4와 4분의 1조각
- 중남아메리카 사람들 : 2와 4분의 3조각
- 아프리카 사람들 : 2와 2분의 1조각
- 북아메리카 사람들 : 1과 4분의 3조각
- 오세아니아 사람들 : 4분의 1조각

인간의 일생

우리는 일생 동안 시간을 어떻게 사용할까요?
만약에 인간의 일생이 12조각으로 나뉜
커다란 피자라면…….

4조각은 학교나
직장에서 보내는
시간입니다.

1조각은 쇼핑을 하거나
다른 사람을 만나거나
집에서 일하는 시간입니다.

1조각은 학교나 직장,
상가로 이동하거나
휴가를 보내는 시간입니다.

4조각은 잠자리에서
보내는 시간입니다.

1조각은 식사를 준비하고
밥을 먹는 시간입니다.

마지막 1조각은 운동이나
게임, 웹 서핑 등 여가와
취미 활동을 하는 시간입니다.

이 책을 읽는 어른들에게

우리가 사는 이 세상과 우주는 쉽게 이해되지 않는 커다란 대상과 개념들로 가득합니다. 그런데 아무리 큰 대상과 개념도 규모를 줄여서 생각해 보면 쉽게 파악할 수 있어요.

대상의 크기를 일정한 비율로 축소하는 방법은 건축가, 공학자, 의학 연구자, 또는 모형 제작자 들 사이에서 널리 쓰이며, 수의 의미를 이해하고 사용하는 수리 영역에서도 중요한 비중을 차지합니다. 수리적 사고 능력은 어린이들이 양식 있는 시민으로 성장하는 데 꼭 필요한 기본적인 항목이고요.

저는 어릴 적에 배 모형을 만들면서 처음으로 축소라는 개념에 관심을 갖게 되었어요. 교사가 된 뒤로는 어린 학생들이 커다란 대상들의 크기를 가늠해 보고, 각 대상들 간의 관계에 대해 생각해 볼 수 있도록 축소의 개념과 모형을 활용한 수업을 자주 진행했습니다. 이런 과정을 통해, 크기를 줄여 보고 모형을 직접 제작해 보는 것이 큰 개념을 파악하는 데 꽤 효과적인 방법이라는 걸 깨달았습니다.

앞서 펴낸 《지구가 100명의 마을이라면》 역시 바로 이런 깨달음에서 나온 결과물입니다. 커다란 개념들을 효과적인 규모로 축소해서 보여 주고 있거든요.

다음은 어린 자녀들이나 학생들이 축소의 개념과 방법을 쉽게 익힐 수 있도록 도움을 주는 몇 가지 활동 방안입니다.

축소 모형을 찾아보아요

어린이들은 일상에서 이미 크기가 축소된 대상들을 두루 접하고 있습니다. 인형이나 장난감 자동차, 공룡 모형 같은 것들이 대표적인 예지요. 장난감 몇 개를 모아 놓고, 어린이들이 그 크기를 가늠해 볼 수 있도록 도와줍시다.

티라노사우루스를 예로 들어 볼까요? 진짜 티라노사우루스는 키가 약 12미터입니다. 그렇다면 장난감 티라노사우루스의 키를 재 봅시다. 장난감 티라노사우루스의 키가 10센티미터라면 어떨까요? 진짜 티라노사우루스의 키는 1,200센티미터이니까, 장난감 티라노사우루스의 축소 비율은 1:120이 됩니다.

지도를 그려요

지도 역시 일상에서 쉽게 찾아볼 수 있는 축소의 개념을 활용한 대표적인 사례입니다. 지도란 광범위한 영역(도시, 나라, 세계)을 손에 들고 사용할 수 있는 크기로 줄여 담은 것이지요.

지도에는 보통 축척이 표시되는데, 축척이란 지도에서의 거리와 지표에서의 실제 거리의 비율을 뜻합니다. 벽에 걸어 두고 보는 대형 벽 지도의 경우 축척이 1:5,000,000에 이르기도 합니다.

이때, 지도상에 표시된 1센티미터의 길이는 실제로는 5,000,000센티미터에 달하지요. 어린이들과 함께 학교나 집, 또는 동네 지도를 그려 봅시다. 그리고 축척을 얼마로 정할 때 지도를 들고 다니며 사용하기에 가장 편리한지 알아봅시다.

지구가 사과라고 상상해 보아요

지구를 사과에 비유하는 것은 지구의 크기를 줄여서 생각하는 효과적인 방법 가운데 하나입니다. 과도한 인구 증가에 반대하는 미국의 사회 운동 단체 '퍼퓰레이션 커넥션'이 1994년에 처음 선보인 뒤 전 세계적으로 널리 활용되어 왔지요. 참고 자료 목록에 관련 웹사이트 정보를 밝혀 두었으니 필요한 경우에 참고해 주세요.

먼저, 사과 한 개를 준비합니다. 사과의 4분의 3쪽을 잘라 냅니다. 이 4분의 3쪽이 지구상의 물(바다, 빙하, 호수, 강)입니다. 남은 4분의 1쪽은 육지고요. 이제 육지에 해당하는 4분의 1쪽을 다시 반으로 자릅니다. 1조각은 사람이 살거나 농작물이 자라기에 적합하지 않은 땅(극지방, 사막, 습지, 고산 지대 등)을 나타냅니다. 그리고 지구의 8분의 1쪽에 해당하는 나머지 1조각이 바로 사람들이 쾌적하게 살아갈 수 있는 땅이랍니다.

전체 사과의 8분의 1쪽에 불과한 이 작은 조각을 다시 4등분합니다. 그중 3조각은 농사를 지을 수 없는 땅입니다. 돌투성이 황무지거나 너무 습하거나 날씨가 춥거나 지대가 가파르거나 토양이 척박해서 애초에 농사를 지을 수

없는 땅, 또는 한때는 경작지였지만 도시나 고속도로처럼 인간의 편의를 위해 개발된 땅이지요. 이 3조각을 빼고 남은 1조각, 지구 표면의 32분의 1쪽에 해당하는 이 1조각만이 식량을 재배할 수 있는 땅입니다. 이렇게 조그만 땅에서 지구상의 모든 사람들이 먹을 식량이 생산됩니다.

연표를 만들어요

연표는 수업 시간에 활용하기 좋은 자료입니다. 특히 사회 시간에 쓸모가 많지요. 커다란 종이를 쭉 펼쳐서 교실 벽에 붙여 봅시다. 한쪽 끝에는 수업 시간에 제일 먼저 배우는 사건과 연대를 표시하고, 다른 쪽 끝에는 '오늘'이라고 씁니다. 그런 다음 양끝 사이를 채우는 시간대의 길이가 몇 센티미터인지 자로 재서 확인합니다. 그리고 수업이 진행됨에 따라 새롭게 배우는 사건들을 추가로 기록해 나갑니다. 예를 들어 식민지 역사에 대해 배운다면, 다음과 같이 기록을 추가해 나갈 수 있겠지요.

- 1603년 : 프랑스 출신의 탐험가 샹플랭이 뉴프랑스를 탐험함.
- 1609년 : 버지니아 식민지가 건설됨.
- 1620년 : 플리머스 식민지 개척이 시작됨.

연표는 다양한 주제에 활용할 수 있습니다. 유럽의 역사도, 중국 왕조의 계보도, 우리나라 역대 대통령 계보도, 시대별 주요 발명품도 모두 연표로 나타낼 수 있습니다.

물론, 연표를 꼭 가로로 만들 필요는 없습니다. 에펠탑 꼭대기에 동전 한 개, 그 위에 다시 우표 한 장이 세로로 아슬아슬하게 서 있는 광경을 상상하며 머릿속에 세로 연표를 그려 봅시다.

에펠탑과 동전과 우표의 높이를 모두 합한 것이 지구의 역사라면, 동전과 우표의 높이를 합한 것이 인류가 지구상에 처음 출현한 때로부터 오늘에 이르기까지의 시간입니다. 선사 시대 이후 약 3,000년에 이르는 역사는 고작 우표 한 장 높이에 불과하지요.

이 밖에도 다른 어떤 방법으로 시간과 시간의 흐름을 머릿속에 그려 볼 수 있을지 어린이들과 함께 이야기를 나눠 봅시다.

비례를 맞춰 보아요

평평한 길바닥에 분필로 동물을 그려 봅시다. 집 밖에 마땅한 장소가 없다면 마룻바닥이나 큰 종이에 그려도 됩니다. 먼저, 흰긴수염고래부터 그립니다. 흰긴수염고래는 지구상에서 가장 큰 동물이지요. 실제 크기는 약 30미터쯤 되기 때문에 크기를 줄여 그려야겠지요. 바로 그 옆에, 여러분이 그린 흰긴수염고래의 크기에 비례하는 크기로 다른 동물들을 하나씩 차례로 그려 봅시다.

또는 나라별로 크기를 비교해 봅시다. 세계에서 가장 큰 나라는 러시아이고, 가장 작은 나라는 바티칸시국입니다. 다른 나라들은 그사이 어디쯤에 저마다 끼어 있습니다.

확대해 보아요

그 밖에도, 큰 것을 작게 줄이는 대신 거꾸로 작은 것을 크게 키워 봅시다. 세상에는 각별한 의미가 있는 지역 사회의 명물을 웅장한 크기로 확대해서 기리는 고장이 많습니다. 예를 들어, 미국 아칸소주의 도시 앨마에는 세상에서 가장 큰 시금치 통조림이 있습니다. 캐나다 서스캐처원주의 무스조에는 거대한 사슴 조각상이 있고요. 미국 플로리다주의 템파시에는 초대형 볼링핀 모형이 있답니다.

만약에 우리 가족이나 학교를 상징할 수 있는 상징물을 꼽는다면 무엇이 좋을까요? 어린이들과 함께 대상을 정한 다음 모형을 얼마나 크게 만들면 좋을지 계획을 세워 봅시다. 그리고 어린이들이 그 확대된 모형의 크기를 계산해 볼 수 있게끔 도와줍시다.

또는 작은 그림이나 지도를 확대해 봅시다. 먼저, 확대하고 싶은 그림에 격자 선을 그어 구획을 나눕니다. 그리고 빈 종이에다 더 큰 격자 선을 그립니다. 그런 다음, 본래 그림의 각 부분을 빈 종이의 확대된 구획에 옮겨 그립니다.

그림 모쪼록 즐겁게, 다양한 가능성을 탐색해 보시기를! 그리고 함께 나누고픈 사례가 있다면 저의 웹사이트(http://www.mapping.com/if)를 통해 연락 주시기 바랍니다.

데이비드 J. 스미스

참고 자료

어린이 도서

Kerley, B., A Cool Drink of Water, Washington : National Geographic Society, 2006.

Smith, D. J., If America Were a Village, Toronto : Kids Can Press, 2009.

Smith, D. J., If the World Were a Village. 2nd ed., Toronto : Kids Can Press, 2011.

Strauss, R., One Well : The Story of Water on Earth, Toronto : Kids Can Press, 2007.

Strauss, R., Tree of Life : The Incredible Biodiversity of Life on Earth, Toronto : Kids Can Press, 2004.

일반 도서 및 보고서

Goode, J. P. and others(Eds.), Goode's World Atlas, Skokie, IL : Rand McNally, 2003, 2009.

Weiler, E., Hubble: A Journey Through Space and Time, New York : Abrams, 2010.

Morrison, Philip, Morrison, Phylis, and the Office of Charles and Ray Eames, Powers of Ten : About the Relative Size of Things in the Universe, Based on the film Powers of Ten by Charles and Ray Eames, Santa Monica, CA : Eames Office, 1994.

Sobel, D., The Planets, New York : Viking Penguin, 2005.

State of the World, 2012 : Moving Toward Sustainable Prosperity. State of the World, 2011 : Innovations That Nourish the Planet. State of the World, 2010: Transforming Cultures from Consumerism to Sustainability, Washington : Worldwatch Institute.

Janssen, S.(Ed.), The World Almanac and Book of Facts, New York : Infobase Publishing, 2010, 2011, 2012.

World Development Indicators, Washington : World Bank, 2010, 2011, 2012.

웹사이트

이 책에 필요한 자료를 조사하면서 위키피디아를 비롯해서 100여 개가 넘는 웹사이트를 두루 참고했습니다. 그중에서도 특히 많은 도움을 받았던 웹사이트를 소개하면 다음과 같습니다.

- 각종 국제 통계 자료, 그 밖에 여러 나라들을 비교 언급하는 자료들은 주로 CIA 월드 팩트북(CIA World Factbook)을 통해 얻었습니다.
  https://www.cia.gov/library/publications/the-world-factbook

- 생물의 다양성 문제에 관해서는 주로 EcoKids를 참고했습니다.
  http://www.ecokids.ca/pub/eco_info/topics/biodiversity/species.cfm

- 식량과 식량 소비 문제에 관해서는 국제 연합 식량 농업 기구(Food and Agriculture Organization of the United Nations)의 공식 웹사이트에서 많은 도움을 받았습니다.
  http://www.fao.org | http://www.fao.org/hunger/en/#jfmulticontent_c130584-2 | http://faostat3.fao.org/faostat-gateway/go/to/home/E

- 우주에 관한 내용은 미국 항공 우주국(NASA) 공식 웹사이트에서 도움을 받았습니다.
  http://www.nasa.gov

- 지구를 사과에 비유하는 실험은 과도한 인구 증가를 반대하는 미국의 사회 운동 단체 '퍼퓰레이션 커넥션'(Population Connection)의 교육 프로그램에서 빌려 왔습니다.
  http://www.populationeducation.org

- 과거와 현재의 세계 인구 통계 자료는 주로 미국 인구 조회국(the Population Reference Bureau)의 공식 웹사이트에서 인용했습니다.
  http://www.prb.org

- 미국 통계국(U. S. Census Bureau)의 데이터베이스 프로그램도 과거와 현재의 인구 정보를 조사하는 데 많은 도움이 되었습니다.
  https://www.census.gov/population/international/data/idb/informationGateway.php

- 물 사용 문제에 관해서는 미국 지질 조사국(U.S. Geological Survey)의 웹사이트를 참고했습니다.
  http://ga.water.usgs.gov/edu/earthhowmuch.html

- 돈과 부에 관한 정보 자료는 주로 세계은행(World Bank) 공식 웹사이트에서 인용했습니다.
  http://www.worldbank.org | http://data.worldbank.org

- 물, 기후, 식량에 관해서는 주로 세계 자원 시뮬레이션 센터(World Resources Simulation Center) 웹사이트를 참고했습니다.
  http://www.wrsc.org